크레이터

고요아침 운문정신 052

크레이터

윤종영 시조집

고요아침

| 시인의 말 |

깊고 푸른 강물 속

맑고 파란 하늘

거기에 떠 있는

하얀 낮달

　　　　　　　　　　　　2021년 11월
　　　　　　　　　　　　　윤종영

| 차례 |

시인의 말 05

제1부

사랑	13
꽃의 방식	14
객토客土	15
가을, 물들다	16
개펄에도 길이 있다	17
길 위의 모세	18
갱도坑道	19
고개 숙인 성자	20
기형도의 안개	21
군무群舞	22
꿀잠	23
나팔꽃 그녀	24
품	25
물멍	26

제2부

할아버지와 유기견	29
명화	30
낚시	31
더미dummy	32
넙치	33
보이지 않는 보석	34
버퍼링buffering	35
떨켜	36
목어木魚	37
난독증難讀症	38
어떤 고백	39
메주꽃	40
백수白水 정완영	41
묵	42

제3부

지붕 위의 소	45
불턱	46
詩, 집에 들다	47
알끈	48
빈 둥지 증후군	49
샌드 아트sand art	50
불혹의 스키드 마크skid mark	51
물고기의 지문	52
숯의 통과의례	53
인연因緣	54
전지剪枝	55
위태로운 의자	56
블랙아웃	57
바다의 관절	58

제4부

족사足絲	61
초기화	62
아이러니	63
초록을 보다	64
흙의 향기	65
밑창을 읽다	66
크레이터	67
시간의 영혼	68
청려장青藜杖	69
혼자 뜨는 달	70
막걸리	71
냉이꽃	72
두물머리	73
치매	74

제5부

키오스크Kiosk	77
통점痛點	78
바코드를 읽다	79
해산解産	80
폐지 줍는 할머니	81
해바라기	82
믿음	83
소망	84
흔들리는 길	85
풀꽃 인생	86
화석化石	87
할머니의 상형문자	88
해거름 녘	89
백야白夜	90

해설_시적 소재의 확장과 여운 · 겸손의 시학/ 이지엽 91

제1부

사랑

조건도 필요 없고 저울도 필요 없지

너와 나 서로를 말없이 바라보다가

그렇지 좋아하는 것을 따라 하는 거울 같은

꽃의 방식

흔들리지 않기 위해 허공을 붙잡고
참았던 숨 펼치듯 조금씩 내뿜는다
마침내 만개의 순간
뿌리마저 황홀하다

사방이 열리고 나비가 날아든다
그러나 그 누가 말했던가 화무십일홍花無十日紅
또다시 호접몽胡蝶夢 속엔
긴 침묵만 흐른다

기다림 끝 가느다란 떨림이 전해 올 때
고요에 기댄 채로 온 힘을 기울인다
씨앗들 압축파일처럼
꽃의 내력 저장한다

객토 客土

틀에 박혀 거칠고 메마른 마음 밭
갈라진 틈새마다 잡풀만 무성하고
뿌리를 내리지 못한 시어들이 들떠 있다

리듬을 타지 못해 윤기 잃은 시구 詩句에는
희뿌연 집착들이 구근처럼 떠돈다
빗속에 씻김굿 하듯 씻어내고 닦아주고

시들 줄 모르는 이랑과 고랑 사이
호흡을 깊숙이 불어넣어 뒤엎는다
새롭게 되살아나는 푸른 문장, 시마 詩魔여!

가을, 물들다

너무 많이 달라서 싸우던 당신과 나
말의 무기 버리고 몸 바깥을 바라본다
조금씩 비슷해지기
시작한다
그림자처럼

폭염을 이겨내고 찾아온 가을 문턱
치열했던 기싸움 끝내고 펼쳐보니
무승부, 아픈 상처만
가득하다
전쟁터처럼

이제야 거울 속 나를 보듯 당신을 본다
흘러가는 시간들도 나를 따라 움직이고
주름과 흰머리까지도
닮았다
쌍둥이처럼

개펄에도 길이 있다

개펄에 그려놓은 선을 따라 걷는다
끝날 듯, 끊어질 듯 교차하며 배는 숨결
물결에 흔들리면서도
지워지지 않는다

숨이 가빠도 쉬어간 흔적 없이
차디찬 맨바닥을 걷지도 못하고
해종일 기어 다니며
온몸으로 그린 길

평생을 무릎 꿇은 한 여자의 생애 위로
속살처럼 부드러운 길은 내내 이어지고
불가촉, 몸 지우는 안개
잔잔하게 덮는다

길 위의 모세

꽉 막힌 도로 위
제아무리 바빠도

촌각을 다투는
위급한 순간마다

다급한 사이렌 소리에
길 터주는 차량들

갱도坑道

언제나 닫혀 있는 차갑고 낯선 세상
맥박이 요동치고 공기에도 짓눌린다
수차례 심호흡하며 푸른 발을 내민다

안전모 생각 쓰고 굴진을 시작한다
거대한 고정관념 서둘러 발파하고
재빨리 동발을 세워 안전 구간 확보한다

편견을 파헤치고 들어간 막장 안은
대립을 해체 시킨 거친 손금 따뜻하고
그제야 뿌리내리는 눈빛들이 초롱하다

고개 숙인 성자

붙박이장 문을 열면 빈 공간 전혀 없어
바라보는 것만으로 숨 막혀 터질듯해
빼곡한 욕심 덩어리 외면하고 닫았어

벽면을 가득 채운 온갖 물건들
뒤덮인 먼지에 손발이 묶여 있어
빨리 좀 풀어달라고 기나긴 침묵시위

버리지 못하고 켜켜이 쌓아놓은
기억마저 짐이 되는 스티로폼 택배 상자
날마다 가위눌리면서 굳어가는 몸이여

가진 것 없다고 날마다 푸념하다
낙엽 지는 가을날 나무를 새로 보았어
떨구는 고개 숙인 모습 성자처럼 느껴졌어

기형도의 안개
― 펀드 사태와 LH정국을 보며

무엇이 그리도 부끄러워 감추는가

온갖 비리와 부정부패, 오염된 말

입에선 검은 연기만

새벽마다 피어오르네

군무群舞

해질녘 무리 지어 일제히 날아올라
교차하며 진해졌다
또 이내 흐려지고
하늘에 살아 숨 쉬는 풍경화를 그린다

감독도 지휘자도 필요 없이 하나 되어
그려내지 못할 것
세상에 무엇일까
뭉쳤다 흩어졌다를 반복하며 퍼져간다

지그재그 열을 맞춰 휘어지는 고비마다
손에 손을 잡고
강강술래 꽃수 놓는다
노을 위 날개로 쓰는 한편의 대서사시

꿀잠

깊이가 얼마인지
모른 채 빠져든다

무겁게 아니 아니
날아가듯 가볍게

무한대 한 점으로 압축된
강력한 블랙홀

나팔꽃 그녀

장마철 우편으로 온 수필집을 받아들고
펼치지 않아도 글의 무게 느껴져서
한동안 읽지 못하고 바라만 보았다

책 표지 그녀 닮은 활짝 핀 나팔꽃
며칠을 바라보며 눈맞춤하다가
속마음 들킨 것 같아 책장을 넘겨본다

어느 날은 아이처럼 투정을 부리다가
이내 또 조용히 묵주기도 드리는
불치병 사구체신염 투병 중인 데레사*

그녀가 피워내는 간절한 말들은
삼켜진 눈물을 빨아들인 여린 꽃잎
문장을 읽을 때마다 축축하게 젖는다

* 세례명.

품

바람에 묵은 먼지 포르르 날아가고
겨우내 움츠렸던 표정에 물이 올라
투명한 아지랑이 꽃 살포시 피운다

뙤약볕 쏟아지고 소나기 몰아친다
그늘을 드리우고 날갯죽지 활짝 펼쳐
지친 몸 다독여주고 시원하게 품어주는

달큰한 향내와 구수하게 익어가는
붉은 감 헤아리고 여문 알곡 굽어보며
휘영청 보름달 켠다 귀뚜리도 끼어든다

눈썹 끝 대롱대롱 매달려 얼어붙은
하얀 눈 덮고 누워 몰래 흘린 속울음
햇살이 말할 때마다 시린 눈물 떨군다

물멍*

동그란 파문이 잔잔하게 이는 자리
물결의 체온이 맥놀이로 따사하다
물빛에 눈빛 맞추며
늪으로 빠져든다

소문 속 헤매다가 수면 위로 올라와
말語을 끌어안아 떠오르던 무지개여
귓전에 자맥질하며
순해져 잦아든다

물질하던 햇살마저 빛을 챙겨 떠난 후
홀로 남아 몸 비비며 잠 못 드는 낡은 갈대
사그락 휘휘 휘이휙
밤새 몸을 뒤척인다

* 물 흐르는 모습 보면서 멍 때린다는 뜻.

제2부

할아버지와 유기견

삽살 할배 떠나고 조등도 없는 산막
하늘은 대답 대신 어둠을 풀어놓고
불 밝힌 푸른 눈으로
컹컹컹 짖는다

무거운 슬픔을 털어내는 아침이면
젖은 몸 동그마니 팽나무 아래 앉아
날마다 같은 자세로
한 방향만 바라본다

길들여진 촘촘한 털 혼자서 고르다가
구급차 지날 때마다 일어나 우는 이유
바람도 묻지 않는다
까치발로 지나갈 뿐

잎 떨군 나무들이 앙상한 겨울날에
일어나지 못하고 엎드린 채 잠이 든다
잠 위에 수의 같은 눈이
소복하게 내린다

명화

새하얀 목화솜 타는
폭신한 시린 하늘

건조한 눈이 젖고
촉촉한 가슴
놀이 타고

능선의 아스라한 고비
풍경소리
바다에 닿네

낚시

인터넷 창을 열고 세상을 읽는다
시선을 사로잡는 자극적인 헤드라인
떡밥에 낚이고 만다
클릭하는 그 순간

은밀한 단어들이 커서를 끌어당겨
미끼를 물게 하고 혼란에 빠뜨린다
곧바로 발등 찍는다
밀려오는 쓰나미

제목과 전혀 다른 내용을 읽다 보면
순간의 판단력이 흐려지고 마비되어
밑밥에 눈멀고 만다
귀도 함께 닫힌다

감으면 여지없이 눈 뜨고도 당해
다시는 안 속는다 하면서 또 낚인다
쉼 없이 던져진 미끼
나도 몰래 입질한다

더미dummy*

내 몸에도 붉은 피가 흐르면 좋겠어
언제까지 흉내 내며 살아야 하는 거지
오늘도 나를 기다리는 감정 없는 시험대

원치 않는 옷을 입혔다가 벗기고
차에 태워 마구 달리다가 부딪히고
열심히 심폐 소생술로 살려놓고 모른 척

눈물도 못 흘리고 웃어도 안 된다면
마음껏 숨이라도 쉬면서 살고 싶어
내게도 생각할 시간과 자유가 필요해

* 사람을 대신하여 사용되는 기구나 인형.

넙치

잠시도 쉴 틈 없이 분주한 몸과 마음
긴장이 풀리면서 몸살이 나고 만다
바닥을 드러낸 체력, 방전되어 눕는다

살갗 속 뼈와 근육 마디마다 진한 통증
찬바람 뼛속까지 느껴지는 오진 한기
솜이불 머리까지 덮고 오들오들 끙끙댄다

우주 같은 겨울의 바닥에 들러붙어
꿈쩍도 하지 않고 가쁜 숨 몰아쉬며
갈맷빛 깊은 잠속으로 빠져든다 꿈꾼다

보이지 않는 보석

마음 한 켠 무성하게 자라는 우울들

서늘한 바람이 불어 오싹하게 살갗을 파고든다 환해지고 싶어 화장하면 창밖 초롱한 별빛과 부드러운 달빛 이윽고 자수정 사파이어 루비 다이아몬드 가슴에 하나 둘 새겨진다 아무 것도 걸치지 않고 소박해진 귓가를 간질이며 가까워지는 반가운 소리 들린다 캄캄한 마음 환하게 밝혀 일으켜 세우는 아, 그 소리들 까르르 깔깔깔 키득키득 배꽃 같은 웃음소리

겹겹이 입 닫고 있던 꽃봉오리 뻥 터진다

버퍼링 buffering

넘기지 못한 울음
불러오지 못한 내일
압축된 감정들을 풀어내는 순간순간
침묵의 나선형 입자
그리운 말없음표

떨켜

나에게도 떨켜가 있는 것일까
안개를 품고 있듯 뿌옇게 흐린 날에
마음의 간격을 벌려 관계를 밀어낸다

무수히 흔들리며 감정은 성장하고
만남과 이별을 겁 없이 반복하며
인연이 끊어진 자리 통증으로 아리다

뿌리에서 우듬지까지 솟구치는 얼굴들
하나둘 다 떨구고 숨죽이며 돌아선다
빈자리 스며든 아픔 고스란히 맺힌다

목어 木魚

나무에서 태어난 물고기가 삼백 년을 산다
불경 소리 받아먹고 떠나지 않은 이유가
진실로 궁금하거든 마음으로 두들겨보라

텅 빈 뱃속 메아리 들리지 않는가
비늘마저 떨어져 나간 푸석한 자세지만
언제나 눈 뜨고 깨어 세상을 바라본다

번뇌를 품기 위해 모두 비워 버린 야윈 저 몸
파르라니 떨리며 울림으로 되살아나
불현듯 공명의 말씀 넓고 깊게 퍼져간다

난독증難讀症

진실의 가면을 쓴 거짓말 이해하려
너의 말들 앞으로 넘겨서 다시 읽는다
도저히 해독이 안돼 혼란에 빠져든다

아무리 뻔뻔하다 하지만 이럴 수가
아직도 상처가 아물지 않았는데
한마디 사과는커녕 뒤통수를 내리친다

그동안 한두 번 당한 것도 아니지만
아주 오랜 고민 끝에 너에게 묻다가
열렸던 말문이 막혀 뒤돌아서 눈 감는다

끝까지 나를 위해 그랬던 거라니
새까만 진실을 파헤치는 나만 아파
이제는 너를 향한 마음 샛길까지 닫고 싶다

어떤 고백

깊숙이 감추었던 가슴속 응어리를
꺼내어 풀어놓는 건조한 목소리에
심장은 숨을 죽이고 말문이 막힌다

아홉 살, 아홉 살에 남의 집 살이 정말요?
두 귀를 의심하며 다그치듯 되묻자
조용히 고개만 끄덕일 뿐 더 이상 말이 없다

먹먹한 침묵을 깨뜨리며 파고드는
초등학교 졸업도 못했다는 고백에
눈동자 방향을 잃고 빗줄기에 젖는다

메주꽃

볏짚으로 엮어서 시렁에 대롱대롱
갈라진 실 틈으로 포자가 날아들고
눅눅한 곰팡이 핀 방
바람으로 말린다

비좁은 꼬투리 속 옹기종기 모여 살다
때로 눈 부라리며 앙당이며 다투다가도
서로를 으스러지게
끌어안고 잠든 시절

아스라한 시간 딛고 번지는 꽃의 무리
주름진 얼굴에 핀 검버섯 같아서
말없이 어루만진다
영락없이 어머니다

백수白水 정완영

바람이 밤새도록 가야금 켜는가
식을 줄 모르는 애절한 소리가
황간역* 기적소리처럼 어둠을 깨운다

흰 옷깃 사운 대며 생활을 위로하던
깊고도 기나긴 어둔 밤을 지나서
맑은 물 하나가 되어 반도를 흐른다

열두 줄 떨림처럼 잔잔한 파동이
무시로 불어오는 바람결에 실려 온다
뿌리로 백 년 또 백 년, 한국 시조의 당산나무

* 백수 정완영 선생은 2014년 8월 9일 황간역 명예역장 칭호를 받았다.

묵

밀도 높아 빈틈없는 모습에 배어있는
단단함 속 탄력과 유연함을 닮고 싶어
손으로 찰싹 때려가며 조심스레 자른다

촉감으로 전해오는 쫀득한 긴 침묵
성급한 손길도 불같던 마음도
어느새 뭉근해지고 속살이 만져진다

토닥이듯 흔들리는 고요한 태도로
젓가락에 들려서도 끊어지지 않고서
수줍게, 낭창낭창하게 겸손한 저 묵 한 점

제3부

지붕 위의 소

장맛비에
사방이
물바다로 변해버려

수중에
네발 모두
허방을 딛고 있네

커다란
두 눈동자도
물에 갇혀 껌뻑껌뻑

불턱*

물에 불은 기억까지 빙 둘러 펼쳐놓고
동그랗게 불을 쬐며 불멍**에 빠져든다
차가운 물비늘 새긴 자리 아주 잠깐 환해진다

긴장해 얼어붙은 몸 녹이는 공기들
슬쩍 끼어든 후일담에 웃음소리 피워내니
물결도 태양을 느루 잡고 휴식처럼 잔잔해진다

홀로 남아 물질하던 파도의 숨비소리도
숭숭 뚫린 돌담 타고 넘어와 후렴한다
해녀들 떠나간 자리 달빛 함께 소곤댄다

* 돌담을 쌓아 바람을 막고 노출을 피하기 위하여 만든 곳.
** 불 보면서 멍때리기.

詩, 집에 들다

어둠이 진하게 내려앉아 캄캄한 밤
몸과 마음 기우는 방향으로 걸어간다
골목 끝 나를 기다리는
녹슬고 낡은 대문

삐딱하게 열린 문을 밀고서 들어간다
한눈에 들어오는 허술한 집 한 채
삐그덕 반기는 소리
익숙해서 싫지 않다

몸에서 화답하는 소리가 들린다
하루하루 같이 살며 서로를 닮아가는
오래된 집에 들어가
지친 나를 내려놓는다

알끈

한순간 균형을 잃고서 기우뚱
손에 쥐고 있던 계란을 놓쳐 버린다
순식간 중심이 사라지며
흰 길이 보였다

널브러진 흰자와 노른자를 바라보니
파산 같은 끈끈함이 신선하게 감겨온다
내게도 저리 놓지 못한
희망 하나 있었으면

빈 둥지 증후군

결혼 후 서서히 잊혀지는 이름 석 자
처음엔 당연하게 그릇처럼 받아들이고
오로지 현모양처가 되는 꿈을 꾸었네

하나둘 분신分身 같은 자식들을 출산하고
남편과 아이들 이름 뒤에 덧붙여져
나 아닌 가족으로 사는 게 행복이라 포장했네

살과 살 비비면서 속속들이 정 주더니
비좁고 답답하다 떠나간 자리마다
아롱져 문풍지처럼 떨고 있는 잔상들

봄날은 빨리 가고 추위는 더디 가나
온기가 빠져나간 품 안은 헐렁해져
또다시 채워질 날을 기다리며 비어있네

샌드 아트 sand art

흔들릴 때 몸에서 서걱이는 소리난다
메마른 표정 가득 쌓이는 모래 위에
파도는 투명 손가락으로 밑그림을 그린다

밀물에 잠겼다가 썰물에 드러나는
언제나 축축하게 젖어 있는 맨바닥
굴곡진 시간의 소용돌이, 무채색 몸짓이다

빛 앞에 지워지는 웃자란 우울들
흩어지고 무너지길 수 없이 반복하며
오늘은 성을 세운다 섬에 갇혀 우는 바다여

불혹의 스키드 마크 skid mark

있는 힘을 다해서 달리는 아우토반
여기서 멈추면 끝이라는 각오로
방향을 정조준하고 더 빠르게 달린다

여유 없이 오로지 앞만 보고 가다 보니
정체성을 잃고서 혼돈에 빠져든다
너무나 빠른 속도에 무디어진 감각들

시간을 주입하며 내달리던 온몸이
과부하로 연소 되지 못한 꿈 끌어안고
스스로 제동을 건다 미끄러져 멈춰선다

물고기의 지문

잔잔하던 강물 위로
튀어 오른 물고기

낙하하며 수면에 파문을 그린다

겹겹이 퍼져나가는
동그란 물의 무늬

숯의 통과의례

나무들 둘러앉은 마당 한가운데
까만 밤이 숨 고르며 벌겋게 타고 있다
모두가 입술을 붙인 채 조용히 바라본다

짙은 어둠 사르던 뜨거운 만다라 불꽃
바람에 불새 되어 날아간 하늘에서
낯익은 하얀 눈발이 깃털처럼 날린다

차가운 눈에 덮여 식어가는 정수리
오래전 떠나보낸 기억들 소환하는 밤
마지막 못다 한 이야기 모두 타서 재가 된다

인연因緣

나무와 나무 사이 떨어진 나뭇잎
둘 사이 벌어진 간격을 메우고 있어
바람이 지나가다가 발이 걸려 넘어진다

민망한 듯 시치미 뚝 떼고 누운 채로
하늘을 우러르다 낙엽 더미 파고든다
한바탕 들썩이다가 잠잠해진 바람 무덤

여전히 숨을 쉰다 심장이 뛰고 있다
가사袈裟 한 장 고이 펼쳐 온몸에 두르고서
투명한 날갯짓으로 햇살 향해 날아오른다

전지剪枝

지나치게 웃자란 생각들이 늘 문제다
새봄이 오기 전에 잘려나간 가지들
힘없이 땅바닥으로
꽃눈 달고 떨어진다

어린 시절 가없이 자란 꿈을 포기하고
나도 한때 무참히 잘라낸 기억 있다
그 자리 아물지 못하고
옹이 박혀 뭉툭하다

아직까지 내 마음속 떠도는 시詩 가지들
시든 생각 틈새로 자꾸만 손 내민다
마침내 통증은 시어가 되고
아픔은 열매 된다

위태로운 의자

평범한 일상을 덮쳐버린 코로나19

망설임 없는 권고사직 구름에라도 기대어 볼까 구름은 바람 따라 흘러가고 그림자처럼 따라다니는 눈초리 버텨보려 했지만 벼랑 끝으로 내몰려 나부끼는 의자 결국은 낭떠러지로 밀려 떨어지기 직전 꿈에서 깼다 오라는 곳 없어도 마스크를 쓴 빈 도시를 걷는다 갈 곳 잃고 이리저리 방황하며 나뒹구는 이력서

언제쯤 잘려나간 빈자리 새살이 돋을까

블랙아웃*

물증은 있으나 증거가 없으니
가물가물 살아나는 기억도 뭉개놓고
너에게 유리한 것만
선택적으로 기억하니?

꼭 기억해, 진실은 휘발성이 아니란 것
사방에서 지켜보는 눈들이 많다는 것
언젠가 너도 똑같이
당할지도 모른다는 사실

* 의학적인 용어로 술을 많이 마셔 단기적으로 기억이 끊기는 현상.

바다의 관절

어둑한 수평선 햇살의 자맥질에
시간을 파먹으며 잠을 잃은 갈매기들
부리로 야지랑스럽게 아픈 곳을 쪼아댄다

만조도 아닌데 무릎에는 물이 차고
뻘밭같이 뼛속은 구멍 숭숭 뚫려서
몽돌이 부딪히는 소리만 무시로 드나든다

제4부

족사 足絲

밀리고 뒤떨어져 정처 없이 떠돌다가
지친 몸 기대고 쉴 곳이 필요해서
물살에 이리저리 차인 돌 위에 앉는다

아무 말 하지 않고 묵묵히 받아주니
모진 바람 시샘하며 뿌리까지 흔들지만
한 치의 움직임 없이 서로를 의지한다

후미진 길모퉁이 버려진 빈 화분 속
둥지 튼 거미줄에 걸려 있는 나뭇잎
너와 나 어디서 만나랴 밤 깊고 어두우니

가기 싫은 속마음 표면에 비친 걸까
까맣게 그을려 거칠어진 등 내민다
편안히 다가와 기대는 백자 위의 노란 달

* 조개류가 바위 같은 곳에 들러붙기 위해 몸에서 내는 실처럼 생긴 분비물.

초기화

1.
눈 뜨는 아침마다
나는 나를 지운다

또 다른 꿈을 꾸며
새롭게 살고 싶어

날마다 출발점에서
처음인 듯 죽는다

2.
자세를 바꾸며
꼬리를 잘라낸다

미련 없이 정제되어
내가 다시 태어난다

찰나에 내뱉는 조건 앞에
리셋된다 깔끔하다

아이러니

오늘은 무슨 생각, 어떤 옷을 입을까

어디서 누굴 만나 무슨 말을 해야 하나

날마다 풀어야 하는 똑같지만 전혀 다른

초록을 보다
— 피카소의 그림 '한국에서의 학살'

폭격에 부서져 황폐한 건물 잔해
불에 탄 나무들 발가벗은 아이와 여인
강물은 눈을 감고서 그 사이를 흐른다

오른편에 투구를 쓴 심장 없는 군인들
알몸의 왼편 향해 총과 칼 겨눈다
하늘도 공포에 질려 뿌연 잿빛 표정이다

아무것도 모르고 발 아래서 노는 아이
가슴에 손을 얹고 사색死色이 된 소녀
눈 감은 만삭의 임산부, 응고되는 숨소리

끝이라고 고개를 떨구며 체념할 때
참혹한 현실을 지워내는 초록 바탕
쉼 없이 밀어 올리며 진해진다 푸르다

흙의 향기

후두둑 떨어지는 투명한 빗방울들

바닥은 목축이며 촉촉이 젖어간다

순하게 코끝에 와 닿는

어머니의 젖 냄새

밑창을 읽다

의기양양 반질반질 빛나던 구두도
콧대를 세우고 빳빳하던 자존심도
외출 후 집에 들어오면 풀이 죽어 말이 없다

여기저기 뒤집히고 널브러진 흔적들
바닥은 늘 그렇지, 쓸려 아픈 겉장인 걸
짝 찾아 나란히 놓고 마주 앉아 바라본다

뒤집어쓴 뿌연 먼지 땀에 젖은 얼룩들
다시 당당하게 현관문 나서는 날
낡아서 헤진 문장이어도 지혜처럼 빛나기를

크레이터

움푹 패인 눈물 속 폭발의 흔적들
내가 나와 충돌할 때 구덩이는 복제되고
원형의 압축된 웃음
자꾸만 묻혀간다

우연을 가장한 필연의 함정들
그 속으로 속절없이 추락하고 있을 때
공기도 흐르는 물도 없이
풍화로 희미하다

고립에 갇혀서 헤매던 시간들
가파르고 미끄럽던 어둠 딛고 올라서니
바깥의 말간 눈동자
중심에 달이 뜬다

시간의 영혼

황혼 무렵 뚜벅뚜벅 발소리도 내지 않고

눈처럼 살포시 머리에 내려앉는

하이얀 그대 뉘신가

발자국도 투명한

청려장 青藜杖*

집 그리운 가난은 잡초만 키우는가
자고 나면 무성해져 밥때마저 잊게 해
허리 펼 겨를도 없이 푸른 날은 저물고

맑은 웃음 지으며 공중제비 돌고 돌던
시계의 심장 소리 꺼져가는 불씨 살려
해거름 홀앗이 하던 화수분을 지켰네

어린잎과 줄기까지 내어주며 사는 동안
단단하던 속은 비어 구절양장九折羊腸 되어가네
아리랑 장단 맞추며 가벼워진 저 지팡이

* 명아주의 줄기로 만든 지팡이. 정부에서는 1992년부터 매년 100세가
되는 노인들에게 청려장을 선물로 주고 있다.

혼자 뜨는 달

하늘을 깨고 나온
탱탱한 노른자위

혼자 먹는 컵밥 위로
환하게 내려온다

사방에 도사린 외로움
홀로 삼켜 둥글다

막걸리

장작불 지피는 손길이 분주하다
시루에 불린 쌀로 지에밥 지어서
누룩과 골고루 섞어 항아리에 담은 뒤

자잘한 하얀 거품 재잘대며 농익어
감칠맛 내뿜는 술독의 시큰한 향기
뭉근히 깊어가는 밤 고단함이 발효된다

술지게미 걸러내어 너털웃음 가득 채운
찌그러진 주전자에 둥근 달 떠오르면
아버지, 한 사발 채워 하늘 난간 오르신다

냉이꽃
― 가람 이병기 선생을 기리며

3장 6구 시조 가락 메마른 들판에

땅에 붙은 로제트 잎 튼실한 원뿌리로

시조의 초록 걸음을 내딛다간 하얀 꽃

두물머리

바람 불면 너는 나의 은유로 휘어지고
눈 내리면 나는 너의 상징으로 춤을 춘다
우리는 무명無明으로 만나 물안개 기둥 된다

햇살의 파문에서 시작된 이미지들
아래로 흐르면서 틈 없이 단단해져
배다리 결속된 운율이 노래 되고 나라도 되고

남과 북의 강물도 이랬으면 좋겠다
수련睡蓮인 듯 흐르다가 먼 어둠에 닿아서
눈 감은 천의무봉天衣無縫 물결 하나 되면 좋겠다

치매

주인 잃고 정신줄 놓아 버린 몽당 빗자루

헛간 앞에 웅크린 채 햇살만 쬐고 있다

지금은 어느 기억을

쓸어내고 있는 걸까

제5부

키오스크 Kiosk

일하다 밥때 놓쳐 식당에 들어가니
반기는 사람 없고 무표정 기계들뿐
화면엔 다양한 음식 단정하게 놓여 있다

유심히 훑어보며 빠르게 탐색한다
쉽지 않은 음식 주문, 사라지는 시장기
두 손은 공손해지고 식은땀이 흐른다

안내문 읽고서야 터치를 겨우 한다
카드로 결제하고도 두렵고 어색하다
전광판 낯선 배식구 멀거니 바라본다

통점 痛點

처음엔 아찔했다
도려내는 것처럼

그러나 지금은 무디어진 것일까

벼랑 끝
내 눈의 낙숫물
떨어지던
바로
그곳

바코드를 읽다

서로 다른 너와 내가 벌이는 탐색전
눈과 눈 부딪히며 불꽃이 튄다
하얀 눈 까만 눈동자 속마음을 담고 있어

알고 싶어 쫓는 나와 읽혀지길 거부한 너
소리 없는 추격전은 언제까지 계속될까
멀리서 그림자까지 두 눈으로 스캔한다

레이저 광선으로 비밀을 판독하면
감정은 순식간에 전라全裸를 드러낸다
수억의 데이터베이스로 풀어내는 너의 마음

해산解産

환하던 하늘에 긴장감이 맴돈다
마침내 산통이 시작되는 걸까
뭉쳐진 빛의 무리가 꿈틀꿈틀 움직인다

풀어놓은 시간들이 떼 지어 지나가고
희미하게 사방으로 흩어지는 붉은 통증
떨리는 숨소리마저 핏빛으로 물든다

가쁘게 몰아쉬는 호흡도 붉어져
짙은 밤이 밀려오는 진통에 뒤척이다
새벽녘 몸 풀고 나니 밀려오는 누에잠

폐지 줍는 할머니

조간신문 뉴스들이 리어카에 실려간다
버려진 동화책도 이번 달 월간지도
영문을 전혀 모른 채 뒤섞여 어색하다

할머니는 더미에 파묻혀 보이지 않고
무게에 짓눌린 바퀴만 굴러간다
닳아서 금방이라도 터질 듯이 위태롭다

녹이 슬어 얇아지고 거칠어져 갈라진
할머니의 무릎을 빼닮은 바퀴 두 개
퇴행성 관절염 앓는지 욱신욱신 절며 간다

고물상에 싸디싼 폐지를 부려 놓고
양지쪽 나앉아 햇살 쬐며 오물거린다
그 곁에 맨몸의 리어카도 한가하게 졸고 있다

해바라기

텅 빈 마당 가로지른 노곤한 빨랫줄에
햇볕이 턱을 괴고 걸터앉아 졸고 있다
삐거덕 대문 소리에 맨드라미 흘끈거린다

아무도 없는 것을 확인하는 해바라기
느릿느릿 되돌아와 땅바닥을 굽어본다
촘촘한 맑은 눈동자 기다림이 새까맣다

해마다 봄이 되면 찾아오던 제비도
처마 밑에 빈 둥지만 남겨 놓고 소식 없어
적막만 감나무 사이 거미줄을 치고 있다

믿음

의심으로 가득 찬 매서운 눈초리에

우리는 송두리째 흔들리며 갈라진다

그 순간 필요한 것은

튼실한 알뿌리

소망

한 치 앞도 보이지 않는 어둠에 휩싸여서

수 없이 깨지고 부서지고 무너져도

눈빛이 살아 있다면

아침은 곧 올 것이다

흔들리는 길

미풍이 무시로 부는 것도 아닌데
건들건들 왔다 갔다 시시각각 흔들린다
로댕의 생각하는 사람
그 자세를 취해본다

턱을 괴니 머리의 무게가 느껴지고
가만히 있으려니 귓가에는 풍경소리
얄팍한 표정에서는
속내가 드러난다

빛이 없는 그늘 속 까만 머리 위에
얇을수록 가볍게 나부끼던 나뭇잎
살포시 흔들리면서
지상으로 내려온다

뒹구는 나뭇잎의 그물맥 따라가니
뒤엉켜 꽉 막혔던 생각 하나 꿈틀댄다
끈질긴 흔들림의 몸짓
파릇한 길이 보인다

풀꽃 인생
― 설악산 마지막 지게꾼 임기종 씨

지게와 한 몸 되어 하늘까지 등에 지고
눈 쌓인 설악산 풍경 되어 걸어간다
사계절 눈맞춤하며 설악의 풀꽃 되나

짐과 함께 무수히 넘어져서 체득한 몸
무릎 꿇어 중심 잡고 작대기에 힘을 준다
언 땅을 뚫고 올라와 밀어주는 복수초

산양이 지나가고 지게꾼 머물던 곳
노루귀 한계령풀 동자꽃 깽깽이풀
발아래 뿌리의 힘으로 꽃을 피워 밝힌다

제 몸의 무게 줄여 납작하게 엎드릴 때
비로소 보이는 땅바닥에 족도리꽃
마지막 지게꾼 닮아 낮은 곳에 피어 있다

화석 化石

기어간 자국들과 걸어간 발자국도
앉거나 누워있던 흔적마저 고스란히
흘러간 눈물의 시간들이 켜켜이 묻혀 있다

삼엽충 완족류 두족류 코노돈트 conodont
고생대 지문으로 단단하게 굳어져
퇴적된 지층의 연대 그 누구의 것일까

바람과 빗물에도 사시사철 변함없이
기억을 끌어안고 무거운 잠에 빠져
천 년의 원형 그대로 아로새긴 몸짓들

뜨거운 노래 너머 가녀린 별빛인 듯
그늘진 아픔까지 환하게 비춰주며
신화가 되어가고 있을 눈동자가 빛난다

할머니의 상형문자
― 심간난 할머니

담배 한 갑 외상으로 내어줄 때마다
달력 뒤에 빼곡하게 기록한 외상장부
할머니 혼자만 아는 기호들로 가득하다

아무도 알 수 없는 그림글자 보고서
독특한 셈법으로 한 치의 오차 없이
외상값이 누가 얼마인지 계산해서 받는다

배우지 못한 한(恨) 그림으로 그리다가
한글로 이름 쓰며 환히 웃던 할머니
백칠 세 쪽진 머리에 세월마저 지웠다

해거름 녘

바쁘게 부지런히 걷다 보니 저녁이다
희미해진 그늘에 멍하니 걸터앉아
홀로 된 황새를 본다
나하고 닮아있다

무리에서 벗어나서 텃새가 되어버린 새
텃새들에게 따돌림당해 철새가 되어 버린 나
첫눈이 쏟아지는데
새와 나는 기쁘지 않다

나에게 '우리'는 언제나 먼 세계였다
새처럼 소리 내어 울지도 못하니
혼자서 노을을 품고
서러움을 울먹인다

백야白夜

백매화 홍매화
청매화 꽃불 켠다

어두운 밤 깊을수록
밝아지는 꽃등불

갑자기 정전 되어도
환한 봄밤 향기롭다

■해설

시적 소재의 확장과 여운·겸손의 시학

이지엽
시인·경기대 교수

1. 시조단에 있어서 「키오스크(Kiosk)」의 징표

일하다 밥때 놓쳐 식당에 들어가니
반기는 사람 없고 무표정 기계들뿐
화면엔 다양한 음식 단정하게 놓여 있다

유심히 훑어보며 빠르게 탐색한다
쉽지 않은 음식 주문, 사라지는 시장기
두 손은 공손해지고 식은땀이 흐른다

안내문 읽고서야 터치를 겨우 한다
카드로 결제하고도 두렵고 어색하다
전광판 낯선 배식구 멀거니 바라본다

—「키오스크(Kiosk)」 전문

신춘문에 당선된 작품이다. 지금은 고속도로 휴게소를 비롯하여 상당히 많은 곳에 보편화 됐지만 이 작품이 응모될 시기만

하더라도 이것은 굉장히 낯설었다. 더구나 시조의 제한된 형식에 낯선 존재를 집어넣는 것조차 용기가 필요했을 것이다. 백수 정완영 선생은 "뚝배기에 된장국"이라는 비유를 즐겨 쓰곤 했다. 일정한 그릇에 일정한 내용물이 담겨야 제격이라는 논리를 펴셨던 것이다. 뚝배기에 오므라이스나 카레가 들어가면 안 된다는 것이었다. 그러나 '뚝배기'라는 그릇을 고정화해서 이를 시조로 보는 것도 문제지만, '뚝배기'의 그릇이 거무튀튀한 빛깔의 그릇으로 획일화하여 보는 것도 문제다. 뚝배기는 오지그릇으로 된 것도 있고, 질그릇으로 된 것도 있는데 오지뚝배기는 붉은 진흙으로 만들어 볕에 말리거나 약간 구운 다음 다흑색茶黑色의 잿물을 입혀 다시 구워 만든 것으로, 검붉은 윤이 나고 질긴 것이 그 특징이다. 반면에 질뚝배기는 오지뚝배기처럼 만드나 잿물을 입히지 않은 것으로 겉면이 태석태석하고 윤기가 없다. 뚝배기의 형태는 지역에 따라 약간의 차이가 있다. 중부지방의 것은 큰 뚝배기의 경우 깊이가 약 10~15㎝ 정도로 깊지만 동해안의 것은 깊이가 얕고 국대접의 주둥이를 오므려 놓은 것처럼 배 부분이 둥글게 곡선을 이루고 있다. 말하자면 이 질뚝배기의 세련된 흰 그릇을 이용하면 오므라이스나 카레를 내놓아도 흠 잡을 이유가 없는 것이다. 더욱이 '뚝배기'를 시조의 그릇으로 보는 것은 더 잘못된 사고다. 시조도 단시조를 비롯하여 절장시조나 연시조 등 한 편의 장단 길이가 상당한 차이가 날 뿐 아니라 사설시조까지 포함하면 자유시처럼 넓은 외연을 가지므로 이를 하나의 그릇으로 고정화하는 것은 문제가 심각함을 알 수 있다. 「키오스크(Kiosk)」는 그런 의미에서 시조의 '뚝배기론'을 정면으로 거부하는 하나의 징표로 볼 수 있다. 여기에 이를 다소 길게 얘기하는 것은 우리 시조시단에 그동안 심심찮게 이 '뚝배기'론이 망령처럼 살아나서 시조의 발전을 심각하게 훼손하고 있기 때문이다.

> 움푹 패인 눈물 속 폭발의 흔적들
> 내가 나와 충돌할 때 구덩이는 복제되고
> 원형의 압축된 웃음
> 자꾸만 묻혀간다
>
> 우연을 가장한 필연의 함정들
> 그 속으로 속절없이 추락하고 있을 때
> 공기도 흐르는 물도 없이
> 풍화로 희미하다
>
> 고립에 갇혀서 헤매던 시간들
> 가파르고 미끄럽던 어둠 딛고 올라서니
> 바깥의 말간 눈동자
> 중심에 달이 뜬다
>
> ―「크레이터」 전문

크레이터(Crater)는 지구 표면에 생겨난 거대한 구덩이를 말한다. 화산 폭발로 발생하는 분화구噴火口와 운석 충돌에 의해 만들어지는 운석공隕石孔 두 종류가 있다. 시인은 크레이터를 "우연을 가장한 필연의 함정들"로 해석한다. 이를테면 분화구와 운석공이 필연적으로 구덩이를 만들고 괴리가 생길 수밖에 없는 상황이 일상 가운데 만들어진다는 것이다. 인간관계나 상거래에도 예기치 않게 불행이 찾아오지만 그것은 예견된 것이라는 것이다. 그런 상황에서의 극복과정을 셋째 수에서 형상화하고 있는데 〈고립에 갇힌 시간 → 가파르고 미끄럽던 어둠 딛고 올라섬 → 바깥의 중심에 달이 뜸〉의 과정이 정교하면서도 설득력있게 묘사되고 있다.

> 물증은 있으나 증거가 없으니
> 가물가물 살아나는 기억도 뭉개놓고
> 너에게 유리한 것만
> 선택적으로 기억하니?
>
> 꼭 기억해, 진실은 휘발성이 아니란 것
> 사방에서 지켜보는 눈들이 많다는 것
> 언젠가 너도 똑같이
> 당할지도 모른다는 사실

— 「블랙아웃」 전문

블랙아웃은 의학적인 용어로 술을 많이 마셔 단기적으로 기억이 끊기는 현상을 말한다. 「키오스크(Kiosk)」처럼 그 뜻을 이해하면 아주 생소한 것은 아니다. 흔히 필름이 끊겨 일어나는 실수를 우리는 현실 가운데 많이 직면하고 있다. "가물가물 살아나는 기억도" 기억이 나지 않는다고 뭉개버리면서 자신의 잘못을 피해 "유리한 것만 선택적으로 기억하"는 도덕적 불감증을 지적하고 있는 것이다.

모래 위에 예술 작품을 만드는 것을 소재로 삼은 「샌드아트」에서는 "빛 앞에 지워지는 웃자란 우울들/흩어지고 무너지길 수 없이 반복하며 /오늘은 성을 세"우는 "굴곡진 시간의 소용돌이, 무채색 몸짓"을 그려내고 있으며 「빈 둥지 증후군」에서는 "온기가 빠져나간 품 안은 헐렁해져 /또다시 채워질 날을 기다리며 비어있"는 상황을 담담히 보여주며, 「불혹의 스키드 마크(skid mark)」에서는 "여유 없이 오로지 앞만 보고 가다 보니/정체성을 잃고서 혼돈에 빠져"들고 "너무나 빠른 속도에 무디어진 감각들"과 "과부하로 연소 되지 못한 꿈"이 급정거하는 상황을 그려내고 있다. 「샌드아트」나 「빈 둥지 증후군」, 「…스키드 마크(skid mark)」 등 낯선 소재를 서정적으로 육화하여 작품을 쓰는 것은 그리 녹록한 일이 아니다. 시인은 이러한 새로운 소재를 취하여 작품을 창작함으로써 소재 빈곤의 시조단에 새로운 활력을 불어 넣고 있음이 주목된다.

2. 숨겨진 서사와 여운의 미학

윤종영 시인의 작품에는 이야기가 있는 작품들이 많다. 이야기가 있기는 하지만 시인은 흐릿한 윤곽만 보여줄 뿐 이 내용을 결코 다 얘기하지 않는다. 행간에 숨겨진 부분들이 시적인 감동을 만들어낸다.

삽살 할배 떠나고 조등도 없는 산막
하늘은 대답 대신 어둠을 풀어놓고

불 밝힌 푸른 눈으로
컹컹컹 짖는다

무거운 슬픔을 털어내는 아침이면
젖은 몸 동그마니 팽나무 아래 앉아
날마다 같은 자세로
한 방향만 바라본다

길들여진 촘촘한 털 혼자서 고르다가
구급차 지날 때마다 일어나 우는 이유
바람도 묻지 않는다
까치발로 지나갈 뿐

잎 떨군 나무들이 앙상한 겨울날에
일어나지 못하고 엎드린 채 잠이 든다
잠 위에 수의 같은 눈이
소복하게 내린다

— 「할아버지와 유기견」 전문

    할아버지가 유기견을 한 마리 데려와 보살폈는데 할아버지가 먼저 세상을 떠났다. 할아버지가 떠난 적막을 유기견은 "불 밝힌 푸른 눈으로/컹컹컹 짖는다" 유기견은 떠날 생각도 않고 "날마다 같은 자세로/한 방향만 바라"보면서 할아버지를 기다린다. 할아버지는 유기견을 잘 쓰다듬어 주었다. "길들여진 촘촘한 털"이 그것을 말해준다. 누구보다 유기견을 귀하게 여기며 털을 쓰다듬어 주었으니 그 흔적을 개는 혼자서 털을 고르며 그런 사연을 간직하고 있을 것이라고는 전혀 느껴지지 않던 온화하고 무난한 분이었기 때문일 것이다. 얘기를 하는 사람의 목소리는 건조하다. 그만큼 세월에 자신의 과거를 걸러낸 탓일 것이다. 물기가 다 빠져나가도록 열심히 생을 살아왔고 그래서 그러한 과거사에 대해 커다란 의미를 두지 않기 때문일 것이다. 행간은 저간의 사정을 우리에게 이렇게 말해준다. 시인은 숨을 죽이고 말문이 막히면서 "눈동자 방향을 잃고 빗줄기에 젖는다". 자신이 겪어가고 있는 조그만 고초는 아무것도 아니라고 생각하게 된다.

> 담배 한 갑 외상으로 내어줄 때마다
> 달력 뒤에 빼곡하게 기록한 외상장부
> 할머니 혼자만 아는 기호들로 가득하다
>
> 아무도 알 수 없는 그림글자 보고서
> 독특한 셈법으로 한 치의 오차 없이
> 외상값이 누가 얼마인지 계산해서 받는다
>
> 배우지 못한 한(恨) 그림으로 그리다가
> 한글로 이름 쓰며 환히 웃던 할머니
> 백칠 세 쪽진 머리에 세월마저 지웠다
> ―「할머니의 상형문자-심간난 할머니」 전문

할머니 이름이 부제로 나오긴 하지만 어디서 사는지 가족관계가 어떤지 누구와 지내는지는 나타나 있지 않다. 배우지 못해 글씨도 모르지만 외상값을 오차 없이 받으니 아마 그림이나 할머니만 아는 상형문자로 적었을 것이라는 것이다. 그 할머니가 백칠 세가 되어 한글을 배우고 이름을 쓰면서 환히 웃으니 얼마나 좋은가. 시골 한적한 곳에 구멍가게를 하면서 소일하고 계시는 할머니의 모습은 영원할 것 같은 착각이 들기도 한다.

3. 인내와 겸손의 미학

시인은 또한 결코 자신을 드러내지 않는다. 남들이 자신에게 어떤 위해나 잘못을 가해도 인내하며 속으로 삭힌다. 타인을 섬기며 자신을 낮추는 신앙인의 자세가 있다.

> 나에게도 떨켜가 있는 것일까
> 안개를 품고 있듯 뿌옇게 흐린 날에
> 마음의 간격을 벌려 관계를 밀어낸다
>
> 뿌리에서 우듬지까지 솟구치는 얼굴들
> 하나둘 다 떨구고 숨죽이며 돌아선다
> 빈자리 스며든 아픔 고스란히 맺힌다
>
> 무수히 흔들리며 감정은 성장하고
> 만남과 이별을 겁 없이 반복하며
> 인연이 끊어진 자리 통증으로 아리다
>
> ―「떨켜」 전문

떨켜는 잎, 꽃, 과일이 줄기에서 떨어질 때 그 자리에 형성되는 분열조직 또는 유조직 세포층을 말한다. 시인에게 떨켜가 있는 것은 아마도 당연한 일인지 모른다. 뭔가 서운한 소리를 듣게 되는 "안개를 품고 있듯 뿌옇게 흐린 날에"는 "마음의 간격을 벌려" 사람 사이의 관계를 반추해본다. 즉시 풀어버리는 것보다는 늦지만 생각을 반추해보고 자신의 잘못을 반성하는 계기가 되니 나쁘지는 않다. "뿌리에서 우듬지까지 솟구치는" 일들이 왜 없으랴. 그러나 시인은 그러한 분노와 아픔을 "하나둘 다 떨구고 숨죽이며 돌아선다". 그러나 생각해보면 사람의 성장이나 만남과 이별이란 것이 다 이런 관계 속에서 이루어지는 것이 아니랴. 시인은 셋째 수에서 이점을 분명하게 짚어준다.

바람에 묵은 먼지 포르르 날아가고
겨우내 움츠렸던 표정에 물이 올라
투명한 아지랑이 꽃 살포시 피운다

뙤약볕 쏟아지고 소나기 몰아친다
그늘을 드리우고 날갯죽지 활짝 펼쳐
지친 몸 다독여주고 시원하게 품어주는

달큰한 향내와 구수하게 익어가는
붉은 감 헤아리고 여문 알곡 굽어보며
휘영청 보름달 켠다 귀뚜리도 끼어든다

눈썹 끝 대롱대롱 매달려 얼어붙은
하얀 눈 덮고 누워 몰래 흘린 속울음
햇살이 말할 때마다 시린 눈물 떨군다

―「품」 전문

「품」이 갖는 미학은 인내와 겸손의 결정판이라 할 만하다. 품은 모든 것을 품어준다. "그늘을 드리우고 날갯죽지 활짝 펼쳐/ 지친 몸 다독여주고 시원하게 품어"준다. 자신은 "뙤약볕"과 "소나기"에 드러나고 부대끼지만 다른 것은 따뜻하게 보호한다. "붉은 감 헤아리고 여문 알곡 굽어보며" 자신을 다스린다. 시인은 이 품이 지니는 아픔까지도 읽어낸다. "눈썹 끝 대롱대롱 매달려 얼어붙은" "속울음"은 타인에게 전가하지 않는 품 만의 내밀한 견딤이라고 볼 수 있다. 햇살에 품이 빛나는 것은 "몰래 흘린" "시린 눈물" 때문일 것이다.

4. 묘사와 비유의 어우러짐

비좁은 꼬투리 속 옹기종기 모여 살다
때로 눈 부라리며 앙당이며 다투다가도
서로를 으스러지게
끌어안고 잠든 시절

아스라한 시간 딛고 번지는 꽃의 무리
주름진 얼굴에 핀 검버섯 같아서
말없이 어루만진다
영락없이 어머니다

—「메주꽃」부분

"갈라진 실틈으로 포자가 날아들"어 "눅눅한 곰팡이 핀"것을 시인은 "메주꽃"이라 칭한다. 이 메주꽃을 검버섯핀 어머니에 비유한다. 생각해보면 메주꽃도 어머니도 "아스라한 시간 딛고 번지는 꽃"이 아니겠는가.

> 백매화 홍매화
> 청매화 꽃불 켠다
>
> 어두운 밤 깊을수록
> 밝아지는 꽃등불
>
> 갑자기 정전 되어도
> 환한 봄밤 향기롭다
>
> ―「백야(白夜)」전문

「백야(白夜)」는 매화들이 꽃불을 켜는 봄밤을 얘기한 것일 것이다. 정전이 되어 깜깜해질수록 이 꽃잎들이 눈부셔 백야가 되고 향기가 더 돋아나서 환하고 향기로움을 얘기한다. 시각적 이미지와 함께 후각적 이미지가 심상을 이끌어가면서 주변의 사물들에 여유를 갖게 한다.

> 주인 잃고 정신줄 놓아 버린 몽당 빗자루
>
> 헛간 앞에 웅크린 채 햇살만 쬐고 있다
>
> 지금은 어느 기억을
>
> 쓸어내고 있는 걸까
>
> ―「치매」전문

몽당 빗자루에 치매를 비유하고 있는데 그 빗자루를 의인화하여 치매 상태에 놓인 노인의 정신 상태를 중장과 종장에서 묘사하고 있는 것이 절묘하다.

> 나무와 나무 사이 떨어진 나뭇잎
> 둘 사이 벌어진 간격을 메우고 있어
> 바람이 지나가다가 발이 걸려 넘어진다
>
> 민망한 듯 시치미 뚝 떼고 누운 채로
> 하늘을 우러르다 낙엽 더미 파고든다
> 한바탕 들썩이다가 잠잠해진 바람 무덤
>
> 여전히 숨을 쉰다 심장이 뛰고 있다
> 가사(袈裟) 한 장 고이 펼쳐 온몸에 두르고서
> 투명한 날갯짓으로 햇살 향해 날아오른다
>
> ―「인연」 전문

낙엽과 바람과의 관계를 통해 인연을 풀어낸다. 둘 사이 만남의 설정을 첫수에서 하고 있는데 나무와 나뭇잎, 나뭇잎과 바람의 관계를 마치 인간 사이의 관계처럼 묘사하고 있다. 그런데 걸려 넘어진 바람이 취하는 둘째 연의 동작이 재미있다. "민망한 듯 시치미 뚝 떼고 누"웠다가 "낙엽 더미 파고"들어 "한바탕 들썩이"는 모습을 바람과 낙엽의 통정으로 보고 있는 것이다. 사물의 움직임을 새롭고도 정교하게 묘사해내는 능력이 주목된다고 하겠다.

우리는 지금까지 윤종영 시인의 작품에 나타난 세계관에 대해 주목하였다. 윤종영 시인의 작품은 모나거나 비판적이지 않다. 현실의 부조리를 여간해서는 드러내지 않는다. 기형도 시인의 등단작품에서 소재를 취하기도 한다.

> 무엇이 그리도 부끄러워 감추는가
> 온갖 비리와 부정부패, 오염된 말
> 입에선 검은 연기만
> 새벽마다 피어오르네
> ―「기형도의 안개」 전문

부제에 보이듯이 "펀드 사태와 LH정국"을 강도 높게 비판하는 경우는 드문 편에 속한다. 세계를 역설적이나 아이러니한 방향으로 보면 보다 다양한 쓸 거리들을 만날 수 있을 것이다. 「기형도의 안개」는 모더니티한 현실비판을 십분 보여준 작품으로 시인이 이후 시집에서 보여줄 세계의 가능성을 충분히 보여주고 있다고 판단된다.

윤종영
2015년 ≪열린시학≫, ≪창작수필≫ 등단. 제11회 열린시학상 수상. 2020년 뉴스N제주 신춘문예 시조 당선. 경기대 한류문화대학원 시조창작전공 석사 재학.

고요아침 운문정신 052

크레이터

초판 1쇄 인쇄일 · 2021년 11월 10일
초판 1쇄 발행일 · 2021년 11월 20일

지은이 | 윤종영
펴낸이 | 노정자
펴낸곳 | 도서출판 고요아침
편   집 | 정숙회 김남규

출판 등록 2002년 8월 1일 제 1-3094호
03678 서울시 서대문구 증가로 29길 12-27 102호
전화 | 302-3194~5
팩스 | 302-3198
E-mail | goyoachim@hanmail.net
홈페이지 | www.goyoachim.net

ISBN 979-11-6724-063-7(04810)

*책 가격은 뒤표지에 표시되어 있습니다.
*지은이와 협의에 의해 인지는 생략합니다.
*잘못된 책은 교환해 드립니다.

ⓒ **윤종영**, 2021